Edition Paashaas Verlag

Autorin: Raymonde Graber-Schiltz
Zeichnungen: Marina Kendziora
Cover designed by Michael Frädrich
Printed: BoD, Norderstedt
Originalausgabe August 2022

ISBN: 978-3-96174-108-3

Die Deutsche Nationalbibliothek verzeichnet diese Publikationen in der Deutschen Nationalbibliografie; detaillierte bibliografische Daten sind im Internet über http://dnb.d-nb.de abrufbar.

Mal und lies mal wieder

Kurzgeschichten mit passenden Malvorlagen

Inhalt

DER UNHEIMLICHE GEIST

Es war einmal ein Schloss, es stand hoch oben im Dorf. Niemand wusste, wie alt es war. Die Menschen machten alle einen großen Bogen darum, denn man erzählte sich im Dorf, dass ein Gespenst im Schloss wohnen würde.
Die Kinder hatten Angst, dort in der Gegend zu spielen.
Doch eines Tages sagte der kleine Joe: „Wer hat Lust, wer möchte mitkommen? Ich fahre mit dem Velo zum Schloss hinauf."
Seine Kameraden sahen einander verblüfft an.
„Ich komme mit“, sagte Elisa laut.
Nun sahen alle zu ihr.
„Na dann fahre ich auch mit“, meinte auch Daniel. Er wollte doch zeigen, dass er mutiger war als das kleine Mädchen.
Die anderen Kinder wollten plötzlich nach Hause gehen, weil sie dort noch ihrer Mutter helfen mussten.
Joe dachte: Ach, ihr Angsthasen ...
„Dann mal los“, rief Joe, „kommt, Elisa und Daniel, dann fahren wir eben allein hinauf.“

Sie fuhren etwa 20 Minuten, dann stellten sie die Fahrräder an einen Baum. Die drei Freunde schlichen nun um das Schloss herum.
Plötzlich öffnete sich ein Fenster und jemand rief: „Kommt doch herein, das Tor ist offen.“
„Ich glaube es nicht“, flüsterte Elisa, „ich dachte, hier wohnt niemand. Oder ist das etwa ein Geist?“
Die Neugier siegte. Die drei gingen zum Tor, welches laut knarrte, als sie es öffneten.
Die Kinder gingen zum großen Saal und staunten.
Drei Teller standen auf dem riesigen Tisch, gefüllt mit leckeren Sachen. Die Gläser waren gefüllt mit Limonade.
Sie trauten sich fast nicht, etwas davon zu nehmen, aber sie hatten Hunger und Durst. Also griffen sie einfach zu.
Elisa sah ihn zuerst. Oben auf dem Treppengeländer hockte eine kleine blaue Gestalt und schaute zu.
„Bist du ein Geist?“, rief Elisa laut.

Erschrocken sahen die zwei Knaben auch in die Richtung.
„Ja, du hast es erraten“, antwortete der Geist und lachte schallend. „Ihr braucht aber keine Angst zu haben, ich bin ein guter Geist.“
Joe fragte nun: „Wohnst du schon lange hier?“
Der Geist nickte und schwebte etwas näher. „Ich war in einer Holztruhe gefangen und konnte nicht heraus, aber ich rüttelte so lange am Deckel herum, bis er aufging. Bestimmt hat man das bis ins Dorf hinunter gehört. Ich war zuerst sehr wütend, aber nun bin ich glücklich.“
Daniel machte große Augen, dann traute er sich etwas zu fragen: „Wie alt bist du denn, wenn ich fragen darf?“
Der blaue Geist grinste: „Ich würde es ja gerne sagen, aber mit den Zahlen habe ich ein Problem. Ich bin so alt wie das Schloss, denke ich.“
Die Kinder staunten.
„Dürfen wir wiederkommen? Denn wir müssen nun nach Hause fahren, es wird

schon dunkel“, fragte Joe.
„Klar dürft ihr das, ich bin ja immer hier.“
Die Kinder bedankten sich und liefen zu ihren Fahrrädern.
Elisa meinte: „Wahnsinn, das wird uns keiner glauben, ich erzähle es einfach niemand.“
Die zwei Buben nickten; auch sie waren der gleichen Meinung.

Im Dorf angekommen verabschiedeten sie sich. Jeder presste den Finger auf den Mund. Dann verschwanden sie nach Hause. Sie freuten sich auf den nächsten Tag, denn dann war wieder ihr geheimer Geistertag ...

FAMILIE MAUS

Die Familie Maus wohnte auf dem Land, auf einem schönen grünen Feld. Verwandte von ihnen lebten in der Stadt in einem großen Haus.
An ihrem Geburtstag sagte die Mutter Mausi: „Heute gehen wir in die Stadt, unsere Familie besuchen. Dort gibt es immer feines Essen, das können wir uns doch nicht entgehen lassen. Was meint ihr dazu?"
Mutter Mausis Familie klatschte vor Freude in die Pfötchen.
Mausi und der Mäuserich Tedi samt ihren sechs kleinen Mäusekindern verließen geschwind ihre Wohnung, das heißt, ihre Löcher unter der Erde.
Sie kannten den Weg zwar, aber sie mussten sehr gut aufpassen, denn überall lauerte Gefahr.

Endlich angekommen, wartete Cousine Mari schon am offenen Kellerfenster. Alle trippelten so schnell sie konnten in den Keller. Man begrüsste sich, aber nur flüsternd, denn es wohnte ein Kater im Haus.

Das war nicht so gut.
„Er macht sehr wahrscheinlich seinen Mittagsschlaf“, piepste Cousine Mari.
Mausi und Tedi konnten es kaum fassen, wie viele Sachen ihre Cousine Mari hatte. Sie fingen an zu schlemmen. Vom Schinken, vom Kuchen, von der Wurst, sogar von der Suppe probierten sie.
Ein Mauskind hatte nicht aufgepasst und rutschte auf dem glatten Fettrand der Sahnetorte aus und peng, fiel der Teller zu Boden. Er zerbrach mit lautem Getöse in hundert Stücke.
Zum Glück blieb das Mauskind unverletzt.
Aber – was war das?
Von oben hörte man leise Pfotentritte von Kater Tom, welche immer näherkamen ...

Cousine Mari und ihr Gatte piepsten: „Rette sich wer kann.“ Sie rannten in ihr Mauseloch. Ihre Familie vom Land flitzte hinterher. Sie mussten sich richtig zusammenquetschen, denn für so eine große Familie war nun wirklich fast kein Platz. Alle waren dann

mucksmäuschenstill.
Eine Frauenstimme rief ganz plötzlich: „Hallo, Tom, dein Fressifressi steht parat. Wo bist du?“
Wie der Blitz kam Kater Tom in Bewegung und rannte nach oben, dabei stieß er vor Freude ein lautes „Miau“ aus.

„Gerettet“, seufzte Mausi und sah vorsichtig aus dem Loch nach allen Seiten hin und schimpfte. „Wir gehen wieder nach Hause. Bei euch ist es ja lebensgefährlich, mir ist ganz übel.“
Ihre Cousine wollte davon nichts wissen, sie protestierte: „Ihr habt den Schweizer-Käse noch gar nicht probiert, der ist dieses Jahr besonders fein.“
„Fein hin, fein her, kommt Kinder wir gehen.“
Tedi blieb nichts anderes übrig, als sich zu bedanken und hinterher zu flitzen.

Wohlbehalten kamen sie in ihrem ruhigen Dorf an. Völlig außer Atem piepste Mausi: „Nie wieder gehen wir in die Stadt, das war

der reinste Horror. Hier gibt es auch mal Gefahren aus der Luft, auch die Katze des Nachbarn, welche manchmal nervt. Aber wir haben nicht solchen Stress, da wir mehrere Schlupflöcher haben, wo wir uns verstecken können. Außerdem schmecken mir unsere Weizenkörner und Nüsse viel besser."
„Du hast wie immer recht, ich brauche jetzt ein wenig Schlaf", sagte Mäuserich Tedi.

Die kleinen Mäuschen freuten sich auch. Denn auf ihrem Feld und im Kuhstall gab es viel mehr zu entdecken. Übermütig schlugen die Kleinen einen Purzelbaum nach dem andern.
Zu Hause war es doch am schönsten.

DAS EICHHÖRNCHEN

Man sieht die Eichhörnchen im Sommer selten. Wahrscheinlich, weil das grüne Laub sie verdeckt, wenn sie in den Baumkronen herumspringen oder auch ihre Jungen beschützen, welche in ihrem halben Meter großen Nest im Frühling das Licht der Welt erblicken.
In einem schönen Altersheim, neben einem Kastanienbaum, lebte ein Mann.
Alle nannten ihn Hans. Er liebte diese Tiere sehr. Er selber konnte keine Nüsse essen, denn ihm fehlten leider einige Zähne zum Kauen.
Er hatte sich zur Gewohnheit gemacht, auf dem Fenstersims einige Haselnüsse hinzulegen – und zwar mit der Schale. Denn die Tierchen haben anscheinend sehr gute Zähne, mit denen sie die harte Schale knacken können. Hans bedauerte, dass er selber nicht besser zubeißen konnte.
Ihm fehlte das Geld, um zum Zahnarzt zu gehen.
Die Äste vom Kastanienbaum, welche im Sommer so viel Schatten spendeten, waren

immer näher zum Fenster gewachsen.
Sehr leicht für das Eichhörnchen, um die Nüsse zu stehlen. Der Mann beobachtete das Tier dabei und lächelte.
Im Sommer saß Hans mit den anderen Bewohnern auf dem Sitzplatz, wo alle Leute kühle Erfrischungen serviert bekamen. Dann kam das Eichhörnchen in die Nähe, um zu sehen, ob keine Nuss auf dem Tisch oder auf dem Boden lag.
Alle Leute sahen dann immer voller Spannung zu, wenn das Tier herbeiflitzte und schnell wieder mit seiner Beute verschwand. Vor allem, wenn die Katze, die auch im Heim wohnte, in der Nähe war.
Oft blieb das Eichhörnchen neben dem Stuhl von Hans sitzen und knabberte an seiner Beute herum.

Eines Tages fand das Tier kein Futter auf dem Fenstersims. Mit seinen listigen braunen Augen sah es mutig durch das halbgeöffnete Fenster in das Zimmer hinein. Der alte Mann saß im Lehnstuhl, er atmete schwer. Das Eichhörnchen sprang ins Zimmer, dann hüpfte es auf ein Knie von Hans. Als der sich nicht bewegte, nahm es den Knopf zwischen die Zähne, der dem Mann an einem Band um den Hals hing. Das war der Knopf den man drücken musste, wenn man Hilfe brauchte.

Bald darauf kam ein Pfleger ins Zimmer, er sah das Eichhörnchen nur noch eilig verschwinden. Der Pfleger sah sofort, dass es dem Mann nicht gut ging. Schnell gab er ihm ein Spray in den Mund, das er für solche Notfälle immer dabeihatte.
Hans seufzte tief, dann ging es ihm wieder besser.
Der Pfleger sah Bissspuren an dem Knopf, ihm wurde klar, dass das Eichhörnchen Hans das Leben gerettet hatte.
Der alte Mann stand langsam auf und murmelte: „Nun hatte ich doch wirklich fast vergessen, meinem Freund sein Futter zu geben."
Als Dank legte er an diesem wundervollen

Tag noch ein paar leckere Baumnüsse dazu. Es dauerte nicht lange und schon war sein Freund und Retter wieder da.

Die Geschichte hört sich unglaublich an, aber der Pfleger erzählte die Story vom Eichhörnchen überall herum.
Es ist gut, wenn jeder Mensch Freunde hat. Denn Einsamkeit macht traurig.

DIE ENTE

Es war an einem Sonntag.
„Sollen wir heute einen Spaziergang zum Bodensee machen?“, fragte die Mutter ihre Kinder.
Lisa und Emilia hüpften freudig durch die Stube. „Ja, ja“, riefen sie begeistert.
„Darf ich auch mitkommen?“, fragte ihr Vater und legte die Sonntagszeitung zurück auf den Tisch.
„Natürlich, wir gehen alle zusammen, das wird lustig.“
Die Mutter zog den Kindern ihre Jacken an, denn es war kalt, obwohl die Sonne vom Himmel herunterstrahlte.
Am See gab es viel zu sehen.
Ein Schwanenpaar schwamm vorbei. Sie tanzten im Wasser, sowas sieht man nicht alle Tage. Die Kinder staunten.
Dann schwamm eine Entenfamilie vorbei. Lisa und Emilia zählten die kleinen Winzlinge. „Es sind 10“, meinte Lisa, „genau so viele, wie ich Finger an meinen Händen habe.“
Plötzlich hörte sie eine feine Stimme: „Nein,

wir sind 11, mich hast du wohl übersehen."
Die beiden Mädchen sahen einander an.
„Hast du das auch gehört?", fragte Lisa ihre Schwester.
Emilia nickte erstaunt.
„Du kannst sprechen?", fragte sie nun das Entchen.
„Natürlich kann ich das. Ich bin nämlich das gescheiteste Entchen vom ganzen Bodensee", schnatterte sie stolz. „Ich bin als Letztes aus dem Ei geschlüpft, das meine Entenmama ausgebrütet hat und darum verstehe ich eure Sprache."

Die Eltern wollten nun mit den Kindern noch zum Spielplatz, sie standen schon wartend bei der Mauer.
„Kommt ihr morgen wieder?", fragte die kleine Ente.
„Ja gern", antworteten die beiden fast gleichzeitig.
„Mit wem redet ihr denn?", fragte die Mutter.
„Mit der kleinen Ente, sie kann sprechen", erzählte nun Lisa.

Die Mutter lachte nur.
„Meine Kinder haben eine großartige Fantasie“, murmelte sie lächelnd.
Die Mädchen sangen nun fröhlich: „Alle meine Entchen schwimmen auf dem See ...“

DIE HEUSCHRECKE

Die kleine Leni spazierte an der Hand ihrer Mama am Haus der Nachbarin vorbei.
Plötzlich rief die Frau: „Hallo, Leni, hast du schon mal eine Heuschrecke gesehen?“
Leni schüttelt den Kopf.
„Dann komm mal die Treppe herauf, hier sitzt eine in der Sonne, genau auf der Mausefalle.“
Lenis Mutter lachte: „Das klingt interessant, wir kommen.“
Schon sprang Leni die Treppe hinauf, zu dem roten Haus der Nachbarin.
Sie staunte, denn sie hatte noch nie so ein Tier gesehen.
Der Platz auf der Mausefalle sah gefährlich aus, denn die Falle könnte zuklappen und dann wäre es um die arme Heuschrecke geschehen.
Leni wollte sie anfassen. Doch dann machte das Tierchen einen großen Sprung. Sie hüpfte ins hohe Gras.
Leni sah ganz plötzlich ein kleines Mäuschen ganz geschwind im Haus von der Nachbarin verschwinden.

Als Leni dies ihrer Mutter erzählte, meinte diese: „Ach, Leni, du hast zu viel Fantasie, das war bestimmt nur ein dürres Blatt vom Baum, das der Wind fortgeblasen hat."
Doch Leni lächelte.
Sie stellte sich vor, wie sich die Maus im Haus versteckte und beim Abendbrot, die Nachbarsfamilie erschreckte, wenn sich die kleine Maus einen Brotkrümmel vom Boden stibitzte und schnell damit wegflitzte.

DER HAHN UND DIE HÜHNER

Jeden Morgen, ganz früh, krähte der Hahn so laut, wie er nur konnte. Die Menschen auf dem Bauernhof störte das nicht, denn ihre Arbeit begann auch sehr früh.

Die Hühner watschelten aus dem Stall heraus zur Wiese. Sie schlürften Wasser aus dem kleinen Bach und pickten Körner auf, welche die Bäuerin ihnen hingestreut hatte. Auch Gras mochten sie sehr gerne. Manchmal bekamen sie altes Brot oder frische Salatblätter zu fressen.

Darum legten sie auch so feine Eier in ihre Nester im Stall.

Sobald ein Adler in der Luft kreiste, gab der Hahn Alarm. Er krähte wie verrückt. Die Hühner rannten dann schnell in den Stall oder versteckten sich.

Die ganze Schar hatte schon erlebt, dass der Adler herunterstürzte, ein Huhn packte und es in sein Nest brachte, um es dem Nachwuchs zu verfüttern. Denn die kleinen Adler hatten auch Hunger.

Es war allerdings ganz traurig, wenn so etwas passierte.

Die Tiere sind vielen Gefahren ausgesetzt.
Der Bauer hatte nun zur Sicherheit einen Maschendrahtzaun über einen Teil der Wiese gespannt. Das half.
Auch ein Fuchs kam oft vorbei, musste aber wieder wegschleichen, denn der Weg war versperrt.
Ja, ja, auf dem Land gibt es noch glückliche Hühner.
Abends marschierten sie in den Stall zum Schlafen.
Die kleine Tamara hatte noch nie verstanden, wie die Hühner auf einer 2 Meter hohen Stange schlafen konnten, ohne dabei herunterzufallen. Jedes Tier hat halt so seine Gewohnheiten.

JIMI

Der Vater von Jimi stellte eine Leiter zum Apfelbaum. Er holte ein paar Körbe, um sie mit den saftigen Äpfeln zu füllen. Es war schon Herbst geworden, aber noch nicht so kalt. Ein paar weiße Schmetterlinge flogen fröhlich hin und her.
Dieses Jahr hatten die Früchte besonders rote Bäckchen. Das war der Sonne zu verdanken, aber auch dem Regen.
Jimi konnte nicht warten, bis sein Vater zurückkam. Er kletterte auf die Leiter und streckte den Arm aus, um einen Apfel zu pflücken.
Oh Schreck, er verlor den Halt und im gleichen Moment fiel er hinunter ins Gras auf seinen Hintern.
Sein Vater kam herbeigelaufen.
„Jimi, hast du dir weh getan?“, fragte er besorgt.
Der Bub stand langsam wieder auf.
„Nein, Papa, es tut mir nichts weh, ich war nur so erschrocken. Ich werde nicht mehr auf die Leiter klettern, versprochen.“
Sein Vater lächelte: „Das will ich hoffen,

mein Sohn, du hättest dir den Arm oder ein Bein brechen können. Hier hast du einen Apfel und lass ihn dir gut schmecken."
Jimi lachte wieder.
„Danke, Papa. Hmm, der Apfel schmeckt richtig lecker."

PAUL UND DIE FLASCHE

Paul ging noch nicht zur Schule. Er spielte so gerne mit seinen kleinen Autos. Er kannte sogar die Automarken fast alle auswendig.
Spielen macht durstig. Darum ging er in die Küche, um sein Fläschchen zu holen. Seine Mutter sprach gerade mit jemandem am Telefon.
Sie hatte vergessen, die Trinkflaschen von ihrem Sohn Paul zu befüllen. Die Flasche hatte sie ihm erst vor ein paar Tagen gekauft. Sie war bemalt mit leckeren Früchten.
Paul sah sich um.
Am Boden stand eine gelbe Flasche, dort war eine Zitrone darauf gemalt.
Paul wollte daraus trinken, aber er bekam den Verschluss nicht auf.
Er zupfte seine Mami am Kleid. „Bitte mach den Deckel auf, ich habe Durst."
Seine Mutter erschrak, sie wurde ganz bleich im Gesicht. Schnell nahm sie ihrem Kind die Flasche mit dem Putzmittel aus der Hand. Sie war froh, dass diese einen Sicherheitsverschluss hatte.
Nicht auszudenken, wenn ihr Sohn daraus

getrunken hätte.
Sie nahm die neue Trinkflasche von Paul und füllte sie mit Wasser und ein wenig Zitronensaft.
Sie kniete vor ihrem Kind und reichte ihm das Getränk mit den Worten: „Bitte trinke nie aus einer anderen Flasche, sonst bekommst du ganz dolle Bauchschmerzen."
„Ja, Mami, ich denke daran, ich habe dich sehr lieb."
Sie sagte zärtlich: „Ich liebe dich auch, mein Kind."

DER GEBURTSTAG VON LARA

Lara hatte bald Geburtstag.
Noch eine Nacht schlafen und dann kamen die Nachbarskinder zu ihrem Fest, so wie jedes Jahr.
Sie brachten ihr fast immer viele tolle, selbstgebastelte Geschenke mit.
Fast wäre Lara eingeschlafen, da merkte sie, dass es nach Kuchen roch.
Ihre Mutter backte ihr bestimmt einen leckeren Geburtstagskuchen.

Da endlich war der Sandmann gekommen.
Lara fielen die Augen zu, und sie schlief ein.
Am Morgen weckte die Mutter ihre Tochter.
„Na, hast du gut geschlafen?“, fragte sie.
„Komm her, ich helfe dir. Schau mal, ich habe dir ein neues Kleid genäht, das darfst du heute anziehen.“
Lara strahlte vor Freude. Sie legte ihre Arme um den Hals ihrer Mutter und gab ihr ein paar Küsse.
Am Nachmittag kamen dann ihre Freundinnen zu Besuch.
Nun brachte ihre Mutti den Kuchen.

Sieben Kerzen blies Lara aus.
Alle Kinder klatschten in die Hände.
Dann servierte ihre Mutter heiße Schokolade und natürlich bekam jedes Kind ein Stück von dem feinen Kuchen.
Der Vater hielt eine kleine Rede: „Liebe Lara, ich habe kein Geschenk für dich, sondern ich spende den armen Kindern etwas Geld, ich bin sicher du bist damit einverstanden."
„Natürlich, danke, Papa, ich freue mich sehr, du bist der beste Papa auf der ganzen Welt."

SCHNEE AN WEIHNACHTEN

Fast alle Menschen aus dem Dorf waren den Berg hinauf zur Kirche gegangen, um zusammen das Weihnachtsfest zu feiern.
Der Duft der vielen Kerzen erfüllte das Kirchenschiff. Eine riesengroße Tanne mit ganz vielen Lichtern schmückte die Kirche. Ein großer bemalter Stern erhellte die Krippe, welche neben dem Altar aufgestellt worden war.
Es war einfach wunderschön.
Andächtig lauschten die Menschen den Worten des Herrn Pfarrers. Es wurde für Frieden auf der Welt gebetet und zudem wurden viele Weihnachtslieder gesungen.
So schön, so voller Emotionen, ertönte das Lied: Stille Nacht – Heilige Nacht.

Inzwischen rieselte draußen Schnee vom Himmel herab.
Die Menschen konnten nur noch staunen, als sie aus der Kirche heraustraten.
Es hatte wirklich geschneit.
Die Kinder freuten sich sehr darüber.

Am nächsten Tag wollten sie eine Schneeballschlacht machen und ihre Schlitten schon mal parat stellen.

Die Kinder wollten auch einen großen Schneemann bauen.

Leider schneit es nicht immer an Weihnachten. Dieses Jahr war einfach alles perfekt.

IN DER SCHULE

Die Lehrerin verteilte Hefte an die Kinder. Sie wollte, dass die Kids einen Aufsatz schreiben sollten.
Jeder sollte seine Erlebnisse von Weihnachten ins Heft schreiben.
Voller Freude fingen alle sofort mit Schreiben an.
Nur der kleine Tobi senkte den Kopf. Er schrieb nicht sofort.

Später, als die Lehrerin die Geschichten ihrer Kinder las und die Fehler verbesserte, fiel ihr erst auf, dass der kleine Tobi nur einen Satz geschrieben hatte:
Mein Vater ist im Krankenhaus, unsere Familie konnte nicht feiern.

Die Lehrerin wurde sehr nachdenklich.
Sie nahm sich vor, bei den Leuten vorbeizugehen. Sie packte einige Früchte in eine Tasche, dazu noch Kuchen und eine Flasche Traubensaft.
Als sie an der Tür läutete, öffnete die Mutter von Tobi. Zuerst erschrak sie, denn sie

dachte, dass ihr Sohn vielleicht die Schule geschwänzt hätte. Sie bat die Lehrerin in die gute Stube. Sie entschuldigte sich, weil kein leuchtender Weihnachtsbaum die Stube erhellte.
„Dafür brauchen Sie sich nicht zu entschuldigen“, meinte die Lehrerin. „Ich weiß, dass Ihr Mann im Krankenhaus liegt. Wie geht es ihm?“
„Der Arzt hat gesagt, dass er wieder auf die Beine kommt, er hat kein Fieber mehr.“
Die Lehrerin lächelte: „Das freut mich sehr. Hier habe ich ein paar Geschenke für Ihre Kinder mitgebracht.“

Tobi und seine Geschwister kamen aus dem anderen Zimmer herbei. Nun freuten sich die Kinder mega. Tobi bedankte sich höflich. Man sah, dass es ihm besser ging.
Seine Mutter machte der Lehrerin einen Tee, dazu gab es den selbstgebackenen Kuchen.

Am nächsten Tag brachte der Junge einen langen Aufsatz mit zur Schule. Voller Freude legte er sein Heft aufs Pult der Lehrerin.

Der Aufsatz begann mit den Worten:
Morgen darf ich meinen Vater im Krankenhaus besuchen, ich bin so glücklich ...

DIE GESCHICHTE VOM GRÜNEN APFEL

Es war einmal ein Apfelbaum, der blühte im Frühling so schön. Die Bienen hatten ihre Freude an den hellrosa Blüten. Sie flogen im Sonnenschein den ganzen Tag von Blüte zu Blüte. Das gefiel dem Apfelbaum sehr.
Er war so stolz, er hatte aber auch das Recht dazu, denn jeder Mensch, der vorbeiging, blieb einen Moment stehen und bestaunte ihn oder machte sogar ein Foto.
Die Blüten hielten natürlich nicht sehr lange. Als der Sommer kam, fielen alle ins Gras, aber dort, wo am Baum eine Blüte gewesen war, wuchs ein klitzekleiner Apfel heran.
Auch die Blätter ließen nicht auf sich warten. Aus einem Blütenbaum wurde ein grüner Baum.
Er liebte auch den Regen sehr, denn er brauchte Saft, den er seinen Äpfeln geben wollte.
Der Sommer und die Sonne brachten Wärme, das machte den Saft süß.
Die Vögel zwitscherten in seinen Ästen, sie liebten den Baum, denn sie fanden ziemlich viele Maden und Käfer an den Blättern,

damit konnten sie ihre Jungen füttern.
Das war gut so, denn nun verkrochen sich keine Maden in die saftigen Äpfelchen, die inzwischen schon etwas grösser geworden waren.
Der Sommer war nun nicht mehr so heiß und die runden Äpfel wuchsen und wurden immer dicker. Auch hatten sie schöne rosa Bäckchen.
Ein Apfel war nicht zufrieden, er meckerte herum: „Warum bin ich so rund wie alle andern? Das will ich nicht, ich möchte nicht rund sein und keine roten Bäckchen haben, das gefällt mir gar nicht."
Der Vollmond hatte die ganze Wiese beobachtet, er schüttelte sich vor Lachen. Er verstand die Welt nicht mehr.
Auch die Apfelfee hatte es gehört, sie flog herbei, um nachzusehen.
Der Apfel machte ein missmutiges Gesicht und wiederholte, was er eben gesagt hatte: „Ich will nicht so sein, ich will nicht, nein, ich will nicht!"
Die Fee schaute ihn an und fragte: „Ja, wie

möchtest du denn aussehen, mein Süßer?"
„Ich will anders sein, ja, ich will ein großer viereckiger, grüner Apfel werden, jawohl, das will ich!"
Die Apfelfee hatte so etwas noch nie gehört, aber es war ihre Pflicht zu helfen. Also sagte sie ihren Zauberspruch und Simsalabim, der Apfel war grün und hatte vier Ecken.
Das gefiel ihm, er bedankte sich bei der Fee. Diese verschwand wieder im nahen Tannenwald.
„Seht ihr", prahlte der Apfel, „nun bin ich schön und brauche euch nicht mehr!"
Die anderen Äpfel waren erschrocken, als sie das sahen. Dann lachten sie die halbe Nacht lang, bis sie erschöpft einschliefen.
So merkten sie auch nicht, dass der viereckige Apfel von seinem Ast herunterfiel und wie ein Würfel, weit über die Wiese purzelte.
Erstaunt schaute ein Igel unter ein paar dürren Blättern hervor und fragte: „Was ist denn mit dir los? So etwas wie dich habe ich ja noch nie gesehen."

„Mit mir ist gar nichts los“, sagte der Apfel voller Stolz, „ich bin ein Zauberapfel, ja, das bin ich!“
Der schlaue Fuchs war auch noch wach, denn er suchte was zum Fressen. „Ich lach mich tot, ein viereckiger Apfel, das gibt es ja nicht“, kicherte er und wollte mit ihm spielen, aber der Apfel war beleidigt und ließ sich den Hang hinunterfallen.
Dort fand der Peter ihn am morgen früh, als er zur Schule ging. Er staunte nicht schlecht und nahm den wundersamen Apfel in seinen Hosensack. Dort befand sich noch so allerlei Krimskrams. Das gefiel dem Apfel aber gar nicht, er hatte Angst in der Dunkelheit. Als sich der kleine Peter bückte, um unter einem Zaun durchzuschlüpfen, ließ sich der Apfel einfach fallen.
Nun lag er einsam da im Gras.
Es dauerte aber gar nicht lange, da kam ein großer, schwarzer Rabe angeflogen und pickte mit seinem Schnabel ein Loch in den viereckigen Apfel.
„Hey“, schimpfte der, „du hast mir weh

getan!“
Der Rabe wunderte sich, dass das grüne Ding sprechen konnte. Er bekam Angst und flog wieder weg, denn es schmeckte ihm auch gar nicht.
Eine Kuh näherte sich. Ihre großen Augen fielen ihr fast aus dem Kopf, als sie den Apfel erblickte ... „Muh, das gehört nicht hierher, das fresse ich nicht, ich will lieber Gras!“, murmelte sie vor sich hin.
Ein paar Pferde tummelten sich auf der Wiese ... kamen näher. „Nein sowas, wir mögen lieber Möhren.“
Ein Glück für den grünen viereckigen Apfel. Er atmete erleichtert auf. Denn eigentlich wollte er noch etwas von der Welt sehen. Aber wie sollte er das anstellen?
Da kam ein großer Traktor angerollt. Der grüne viereckige Apfel wollte auf die Seite rollen, aber das ging nicht, er war ja nicht mehr schön rund. So wurde der arme Apfel, der schöner sein wollte als alle anderen, auf der Stelle in die Erde gedrückt.
„So ein Mist“, dachte er, aber es war zu spät,

um zu jammern.
Der Winter kam und bedeckte die Felder mit Schnee.
Erst im Frühling, als die Sonne wärmer wurde und die Natur erwachte, erwachte der grüne Apfel auch. Aber, oh Schreck, er war ja gar nicht mehr viereckig, er war total matschig, aber er spürte ein leises Kribbeln in sich. Etwas bewegte sich ganz langsam.
Ein kleiner schwarzer Korn spaltete sich und ein klitzekleines Bäumchen fing zu wachsen an. Zentimeter um Zentimeter wuchs es der Sonne entgegen und fing an zu blühen. Es war eine Pracht.
Der grüne matschige Apfel konnte nur noch staunen, er war nun die Wurzel eines jungen gesunden Apfelbäumchens geworden.
Wieder rief er die Apfelfee um Hilfe.
Sie kam auch sofort.
Der Matsch-Apfel, der nun eine stolze Wurzel war, sagte zu der Fee: „Bitte, liebe Fee, kannst du den Zauber nicht auflösen vom letzten Jahr? Ich bereue, dass ich nicht mit mir zufrieden war. Wie du sehen kannst,

bekomme ich viele Kinderäpfel und ... und ..." Nun fing er an zu stottern. „Ich will Kinder haben mit roten Bäckchen, damit die Menschen und Tiere sie mögen. Bitte entschuldige, dass ich so unzufrieden war."
Simsalabim, die Fee erhob erneut ihren Zauberstab, lächelte und verschwand.

Der kleine Apfelbaum konnte sich nicht mal dafür bedanken. Er war so froh, dass nun alles wieder gut wurde.
Seine Äpfel wuchsen zu schönen runden Früchten heran.
Sie haben niemals erfahren, was vorher geschehen war.
Das war auch gut so.

Das Lamm

Es war einmal ein kleines Lämmchen. Es hatte nicht aufgepasst, als das große Schaf mit seinen Geschwistern und den anderen Schafen auf der großen grünen Wiese langsam weitergewandert waren. Sie fraßen frisches saftiges Gras. Das kleine Lamm hatte einen bunten Schmetterling gesehen, der war so schön. Er hatte gelbe Punkte auf den braunen Flügeln.

Das Lämmchen sprang ihm neugierig hinterher. Das war so lustig, denn der Schmetterling flog tanzend von einem Gänseblümchen zum anderen und setzte sich darauf.

Aber sobald das Lämmchen ihn eingeholt hatte, flog er eilig wieder in die Luft und setzte sich auf eine blaue Glockenblume.

Fröhlich sprang das Lämmchen ihm hinterher. Das war ein lustiges Spiel.

Aber dann kam ein Gebüsch und schwupps war der Schmetterling verschwunden.

Ganz erstaunt blieb nun das kleine Schaf stehen, es drehte den Kopf nach allen Seiten.
Aber der schöne Schmetterling war einfach verschwunden.
„Mäh, wo ist meine Mama? Mäh, mäh", schrie es. Es sah sehr traurig aus.
Da kam plötzlich ein großer Hund auf das Lämmchen zugelaufen.
„Wau, wau, suchst du deine Mama?"
„Määäh, ja ... weißt du denn, wo sie ist?"
„Klar, weiß ich das, ich bin doch ein Schäferhund und muss auf euch Schafe aufpassen", sagte der Hund in der Tiersprache. „Spring mir hinterher, ich zeige dir den Weg." Schon rannte er los.
Das kleine Lamm folgte ihm, es war ziemlich müde und Hunger hatte es auch. Ganz hinten auf der Wiese sah es seine Mama und die ganze Herde Schafe.
Außer Atem kam es angesprungen.

Das Mutterschaf blickte es strafend an, aber sie ließ es Milch trinken an ihren Zitzen am Bauch.

„Dann kann ich ja wieder gehen“, knurrte der Hund. „Immer Arbeit mit den Kleinen, danke sagt auch keiner, das gefällt mir gar nicht.“

Seine Zunge hing heraus vor Anstrengung.

Nun lief er zum Hang und legte sich hin.

Das kleine Schaf hatte genug getrunken, es rieb sich an dem dicken wolligen Fell seiner Mutter.

Die hatte gehört, was der Hund gesagt hatte. Nun flüsterte sie ihrem Jungen etwas ins Ohr.

Sofort tapste das Lämmchen zum Hund hin und sagte: „Mäh, ich danke dir lieber Hund, dass du mir den Weg gezeigt hast.“

„Schon gut, keine Ursache, pass einfach besser auf“, knurrte der Schäferhund. Aber insgeheim freute er sich doch.

Am Abend kam der Bauer. Zusammen mit

dem Hund trieb er die Schafe in den Stall, damit sie dort schlafen konnten.
Das Lämmchen kuschelte sich ganz eng an seine Mama und träumte etwas ganz Wunderschönes.
Du weißt schon was, oder? Ja, es träumte von dem bunten Schmetterling, den es auf der Wiese gesehen hatte.

DIE KLEINE WOLKE

Es war einmal eine kleine weiße Wolke, sie war etwas seltsam. Immer wollte sie allein sein, oben am Himmelszelt. Wenn ihr eine Wolke zu nahekam, ließ sie sich vom Wind ein Stück weiter pusten. Sie hatte gar keine Freunde.

Die anderen Wolken redeten schon über sie: „Habt ihr das gesehen?“, sprach eine dicke Kumuluswolke laut, sodass es alle hören konnten. „Hält sich die Kleine eigentlich für eine Prinzessin oder was?“

Dann schüttelte sie sich wie ein nasser Hund. Dabei flogen große Regentropfen herum und fielen hinab auf die Erde.

„Hey du“, rief sie zu der kleinen weißen Wolke hin, „warum kommst du nicht zu uns? Sag mal, hast du vielleicht Angst?“

Das Wölkchen traute sich nicht, mit dem Kopf ein JA zu winken, denn dann wäre sie ja sicher noch kleiner geworden. Leise sagte sie: „Ja, ich habe Angst vor euch!“

„Hahahaha“, lachten die dicken Wolken. Sie lachten so laut, dass es sich wie ein Donnergrollen anhörte. Sie schüttelten sich so vor Lachen, dass das Wasser, das sie gesammelt hatten, von dem Dunst, der vom Meer gegen den Himmel stieg, wegspritze und auf die Erde hinunterfiel.
Mit Schrecken sah die kleine Wolke zu, fast hätte sie zu weinen angefangen. Das wollte sie aber nicht, sie wollte kein Wasser verlieren.
Die Kinder, die vor Schreck ins Haus gerannt waren, als plötzlich so dicke Regentropfen fielen, kamen nach einer Weile wieder auf ihren Spielplatz zurück. Sie schauten zum Himmel hinauf, der war wieder ganz blau und die Sonne strahlte. Da sahen sie nur noch die kleine Wolke. Sie tanzte vor Freude und war so glücklich, weil sie nicht mit den anderen dicken Wolken heruntergefallen war.

Da kam plötzlich ein kalter Windstoss. „Hatschi", das Wölkchen musste unheimlich laut niesen. Was war das denn?
Das war gar nicht gut. Nachdem sie sieben Mal geniest hatte, flog sie auseinander und ein ganz feiner Regen ging zur Erde nieder. Der Regen vom Wölkchen fiel genau in den Garten von einer lieben Oma. Ihr Garten war voll von wunderschönen Blumen und die hatten alle richtig Durst. Die Blumen freuten sich mega. Ihre Blüten mit den Wassertropfen darauf glitzerten nun in der Sonne.
Das kleine weiße Wölkchen war zuerst ganz erschrocken, aber dann freute es sich. Es hatte nicht gewusst, wie schön es war, kleine Wassertropfen zu sein.
Die Oma freute sich natürlich auch. Denn als sie zum Fenster hinaus in ihren Garten sah, war sie froh, dass sie nicht gießen musste. Denn sie war so schwach. Die Gießkanne

war ihr einfach zu schwer geworden.
Ja, die kleine weiße Wolke hatte ein gutes Werk vollbracht. Sie hatte auch gar keine Angst mehr. Warum auch?
Am nächsten Tag war sie schon wieder oben am Himmel zu sehen, aber nun rückte sie etwas näher zu den anderen Wolken.
Sie ließen sich vom Wind treiben und sahen sich die Landschaft von oben an.
„Heute bleiben wir mal oben“, grummelte die dicke Wolke, „damit die Kinder nicht nass werden und schön draußen spielen können.“

DER LUSTIGE AFFE

„Wollen wir heute in den Zoo gehen?“, fragte der Vater seinen Sohn Thomas.
„Oh ja, ich freue mich“, erwiderte dieser. „Mama, kommst du auch mit uns?“
„Nein, ich muss heute bügeln, aber geht ihr nur. Ich koche euch am Abend etwas Feines. Denn dann habt ihr bestimmt großen Hunger.“

Der Vater kaufte 2 Eintrittskarten an der Kasse am Eingang.
Nun gingen beide gespannt den Weg entlang. Da waren Papageien und andere seltene Vögel in großen Volieren. Sie zwitscherten um die Wette.
Ein Papagei rief: „Hallo.“
Auf der Wiese grasten Rehe, scheu waren die überhaupt nicht. Thomas wollte gern eine Tüte frisches Popcorn. Er aß das sehr gern.
Sein Vater kaufte 2 davon.

Nun kamen sie zu den Affen. Die hatten so eine Art Brücke, welche von einem Käfig zum anderen führte.
„Na, ihr Affen, habt ihr Hunger?“, fragte der Vater. Lachend hielt er seine mit Popcorn gefüllte Tüte hoch.
Ein Affe streckte blitzschnell den Arm durch das Gitter und schnappte sich die Tüte. Popcorn flog durch die Luft, als der Affe seine Beute durch das Gitter zog.
Vater und Sohn waren zuerst starr vor Schreck, doch dann mussten sie herzhaft lachen.
Eine ältere Frau hatte den Vorfall beobachtet und sagte strafend: „Könnt ihr nicht lesen? Füttern ist verboten.“
Da es ja keine Absicht war, mussten beide später noch mehr lachen.
Nur schade, dass niemand ein Foto gemacht hatte.

DER GARTENZWERG

In meinem Garten gab es immer viel zu tun, aber die Arbeit machte mir unheimlich viel Freude.
Die Sommertage waren vorbei, viel Gemüse zum Ernten gab es nicht mehr.
Das Laub, welches ich zusammengescharrt hatte, wollte ich eben in eine große Tüte füllen, da hörte ich eine Stimme: „Du wirst das Laub doch nicht etwa entsorgen? Das tut man nicht!“
Erschrocken hielt ich inne und sah mich um. Kein Mensch war zu sehen, auch meine Nachbarin Elisabeth sah ich nicht am Fenster lehnen.
„Hier bin ich“, hörte ich die Stimme wieder reden. Mein Blick fiel auf den kleinen Zwerg.
„Hast du was gesagt?“, fragte ich erstaunt.
„Hach, mein Gartenzwerg kann plötzlich sprechen. Ich glaube, nun bin ich doch übermüdet“, redete ich vor mich hin.
Plötzlich sah ich zwei winzige Äuglein, welche mich aus einem Loch beobachten.
Nun sehe ich auch noch Mäuse, dachte ich.
„Komm doch heraus, ich tu dir nichts“, sagte

ich belustigt.
„Du vielleicht nicht, aber die Katze mag mich nicht, das weiß ich genau. Hör gut zu, was der Zwerg dir sagen will, es ist wichtig."
Vollkommen verwirrt sah ich den alten, verwitterten Zwerg wieder an.
„Lass das Laub für meinen Freund den Igel liegen, er braucht es dringend für seinen Winterschlaf", sagte der Zwerg.
Ich glaubte zu träumen.
Aber die Maus piepste: „Ja, und die Frau vom Igel kommt später auch noch, um Winterschlaf zu halten. So herzlos bist du hoffentlich nicht. Ach ja, hast du noch ein Stückchen von dem Schweizer Käse, den ich neulich am Boden fand? Der war sehr fein."
Ein Spatz, den ich vorher nicht gesehen hatte, fragte zwitschernd: „Vergiss das Vogelfutter bitte nicht."
Er flog davon, als meine Kitty die Wiese durchquerte.
Ich setzte mich auf einen Gartenstuhl, denn irgendwie wurde mir schwindelig.

Ich dachte an die Maus “Ketty“ aus meinem Luxemburger Geschichtenbuch, diese hatte was erlebt.
Nun fehlt nur der Hund vom Nachbarn nebenan, dachte ich.
Und schon streckte der Terrier seine Fellnase durch das Loch in der Hecke.
„Wau, wau“, tönte es.
Es klang beruhigend und meine Freude war groß, als ich merkte, dass der Hund nicht gesprochen hatte.
Nachbarin Greta kam lachend zum Zaun.
„Hast du gehört, unser Hund begrüßt dich.“
Ich war unfähig, etwas zu sagen.
„Du siehst so bleich aus, fehlt dir etwas?“, fragte sie besorgt.
„Alles okay, ich bin bloß etwas müde.“
Ich sah nun, wie Elisabeth die Treppe zu ihrem Haus hochging.
Sie sah mich freundlich an. „Machst du Pause?“, fragte sie. „Ich habe neulich einige Blindschleichen oben in deinem Garten gesehen.“
„Ich weiß,“ sagte ich freudig, „die fressen

doch die Nacktschnecken. Darum gibt es bei mir den besten Salat."
Beide Frauen lachten.
Ich fragte: „Habt ihr Zeit? Ich habe auch guten Kaffee, kommt doch rüber."
„Dein Zwerg braucht auch mal einen neuen Anstrich", meinten meine Freundinnen, als wir gemütlich den Kaffee tranken.
„Naja, ich muss ihn mal fragen, ob er das überhaupt möchte", sagte ich amüsiert.
Ein fröhliches Lachen war die Antwort.
Ich hatte aber ganz genau gesehen, dass mein Gartenzwerg grinsend genickt hatte.

DIE DOSE

Eine arme Familie wohnte in einem Häuschen am Waldrand in einem kleinen Dorf. Sie waren nicht wirklich arm zu nennen, denn alle vier Kinder waren gesund. Die Mutter hatte zweimal Zwillinge geboren. Zuerst kamen Max und Moritz zur Welt. Zwei Jahre später erblickten Mimi und Mara das Licht der Welt.
Man kann sich ja vorstellen, was das bedeutete. Das Leben war teuer geworden.
So mancher Streich wurde von den zwei Knaben ausgeheckt. Aber alle ihre Aufgaben, die sie hatten, wurden immer zuerst erledigt. Die Mädchen waren eher etwas still. Aber sie halfen auch mit im Haus und Garten so gut sie konnten.
Jede Woche nahm sich der Vater die Zeit für eine Familienversammlung. Das war gut so! Jedes Kind durfte natürlich seine Meinung sagen, darüber wurde dann lautstark diskutiert. Die Eltern entschieden aber, was richtig oder falsch war. Ihre Kinder mussten ja noch so viel über das Leben lernen.
Der Vater war Waldarbeiter, das war keine

leichte Arbeit. Aber er liebte seinen Beruf. Er konnte sich nicht vorstellen, den ganzen Tag in einem Büro zu verbringen.
Eines Tages erschien ihm eine Waldfee. Sie hielt eine Dose in ihren Händen.
Die Fee sah mit ihren langen Haaren und luftigem weißen Kleid wunderschön aus.
Sie setzte sich zu dem Vater auf einen Baumstamm und sprach: „Ich habe dich und deine Familie beobachtet und gesehen, dass ihr sehr viel arbeiten müsst und dass ihr euch liebhabt. Ich darf jedes Jahr jemanden beschenken und habe DICH ausgewählt. Hier hast du eine Dose mit Goldmünzen, aber du darfst nur eine Münze nehmen, wenn du wirklich in Not bist, dann wird die Dose niemals leer werden."
Dem Vater blieb der Mund offenstehen, denn so etwas hatte er noch nie gehört. Er stand auf und verneigte sich dankend vor der lieben Fee.
Sie lächelte nur und sagte: „Solltest du aber die Goldtaler verschwenden, wird die Dose leer bleiben ... für immer."

Dann verschwand die Waldfee, so wie sie gekommen war. Es sah aus, als ob ein weißes Wölkchen hinter den Bäumen verschwinden würde.
Der Vater staunte immer noch, doch dann sah er die Dose dort stehen und wusste, dass er nicht geträumt hatte.
Als er am Abend nach Hause kam, stellte er die Dose mitten auf den Tisch und erzählte, was er erlebt hatte.
Die Kinder jubelten und wussten schon, was sie alles haben wollten.
Der Vater schaute seine Kinder an und sagte: „Ihr habt ja eben gehört, was ich euch erzählt habe. Wir nehmen nur in der Not ein Goldstück heraus, das habe ich der guten Fee versprochen."
Die Kinder nickten und verstanden.
Die Mutter freute sich sehr, denn nun brauchte sie sich keine Sorgen mehr zu machen.
Die Dose mit dem Gold darin stand auf dem Schrank zur Zierde, aber niemand musste sie jemals öffnen. Sie hatten ja alles, was sie

brauchten.
So lebte die ganze Familie glücklich und zufrieden, ein ganzes Leben lang.

DER SPIEGEL

Es war einmal ein alter Spiegel, der war wunderschön. Sein breiter Rahmen war ganz mit Gold überzogen.

Er hing seit Jahren in einer Halle. Viele Menschen gingen an ihm vorbei, sahen kurz hinein und gingen weiter. Eine ältere Frau kam des Weges. Auch sie blieb vor dem Spiegel stehen und bemerkte, dass ihr ein Gesicht voller Falten entgegensah. Sie trat noch näher zum Spiegel hin.

Der freute sich, dass endlich mal jemand ihn bewunderte.

Aber die Frau sah nicht den mit Gold verzierten Spiegel, der nun ihr Gesicht umrahmte, sondern sie schaute mit eingefallenen Augen ihr eigenes Gesicht an. Sie erinnerte sich daran, dass sie einmal sehr schön gewesen war. Nun aber waren viele Jahre vergangen, erfüllt mit Trauer, Schmerz und Sorgen, die sie hatte in ihrem Leben. Sie war verheiratet gewesen, hatte drei Kinder großgezogen. Ihr Mann war früh verstorben und die Kinder waren in alle Winde zerstreut. Heute hatte die Frau

Geburtstag, aber niemand hatte daran gedacht, niemand hatte ihr geschrieben. Sie merkte, dass sie immer noch vor dem Spiegel stand.
Sie dachte an früher, als die Welt noch in Ordnung war. Damals hatte die alte Frau gedacht, dass das immer so bleiben würde. Sie musste lächeln bei dem Gedanken, dass ihre Kinder früher etwas für sie gebastelt oder gemalt hatten.
Ihr Gesicht im Spiegel hatte sich verändert, als sie lächelte. Sie dachte bei sich: Ich habe ja gar nicht viele Falten, es sind ganz einfach Lachfältchen. Sie stellte sich nun ganz aufrecht hin und sprach laut zu ihrem Spiegelbild: „Ich schaue nun so aus, das sind die Jahre. Aber in meinem Herzen habe ich so viele schöne Erinnerungen, die kann mir niemand mehr nehmen."
Dann kehrte sie dem Spiegel den Rücken zu und ging nach Hause.
Sie erschrak, denn in ihrer Wohnung brannte Licht. Ach, ich werde doch alt, ich habe das Licht vergessen auszuschalten, dachte das

Mütterlein. Sie öffnete die Tür und staunte. Ihre drei erwachsenen Töchter standen da, jede mit einem Blumenstrauß in der Hand und sie sangen fröhlich: „Happy Birthday, liebe Mami ...“

Die Überraschung war ihnen gelungen. Sie hatten den Tisch mit allerlei Köstlichkeiten gedeckt. Es wurde angestoßen und gefeiert wie früher; es war, als wenn die Zeit stehen geblieben wäre.

Die alte Frau war so glücklich wie schon lange nicht mehr. Das war das schönste Geschenk, das ihre Kinder ihr machen konnten. Sie dachte zurück an die Halle, war das etwa ein Zauberspiegel gewesen ...?

Sie nahm sich vor, beim nächsten Mal, wenn sie am Spiegel vorbeikam, ihm ein Lächeln zu schenken.

Wie Charlie Chaplin schon sagte: „Jeder Tag ohne Lächeln, ist ein verlorener Tag!“

DER WEIHNACHTSBAUM

„Was hast du gesagt?“
„Bald werden sie wiederkommen und uns töten“, habe ich gesagt.
„Du spinnst ja, wer soll sich denn bei dem Wetter wagen, in den Wald zu gehen? Ich lach mich tot, äh, schief“, sagte die Fichte im Tannenwald zu der Blautanne.
„Wenn ich es dir sage, letztes Jahr hatte ich es deutlich gehört, als ein Mann meinte: „Diese da kommt das nächste Mal dran“.“
„Du fantasierst ein wenig, wie mir scheint. Wo ist dein Stolz geblieben?“
„Ich habe Angst, das hat doch nichts mit Stolz zu tun. Du siehst es ja, meine Nadeln sind schon ganz blau, das kommt von der Aufregung.“
„Ach ja, dein Blutdruck ... Kannst du nicht endlich damit aufhören? Wir Nadelbäume haben gar keinen Blutdruck.“
Beleidigt starrte die Blautanne vor sich hin.
„Und wenn doch?“
Ein leises Kichern war zu hören. Die anderen Bäume waren aufgewacht und hatten die Diskussion gehört.

Die Eule, welche etwas versteckt auf einem Ast saß, riss die Augen auf.
Sogar der Mond staunte, dann verschwand er und machte Platz für den Tag.
Die Sonne konnte aber gar nicht durch die dicken Wolken hindurchscheinen.
„Nun fängt es auch noch an zu schneien “, jammerte die Blautanne.
„Der Winter halt“, meinte die Fichte.
„Hört ihr das? Sie kommen, die Männer kommen und wollen mich schlagen.“
Die Blautanne hatte richtig gehört, sie zitterte wie Espenlaub.
Ganz betrübt schauten nun alle Bäume zu, wie zwei Männer, die große Blautanne fällten. Sie hörten wie sie sagten: „Eine wirklich schöne Blautanne! Die Leute werden dieses Jahr staunen, wenn sie den Baum auf dem Marktplatz sehen können.“

Die Fichte wurde zornig, sie schüttelte sich vor Wut, sodass ihre Zapfen nur so herunter prasselten. „Das ist ja grauenhaft. Wir sollen den Menschen Freude bringen, indem sie

uns fällen? Das soll Weihnachten sein? Ich protestiere, Leute das geht einfach nicht."
Sie holte tief Luft und schrie noch lauter: „Die Menschen sollten mit ihren Kindern in den Wald kommen und uns hier bewundern. Wir allein spenden Sauerstoff für alle."
Nach einer Pause rief sie: „Hey, Blautanne es tut mir leid für dich, sorry, dass ich dir nicht glaubte, ich würde dir gerne helfen, wenn ich könnte."
Man hörte ein trauriges Flüstern: „Lebt wohl."
Die Waldfee hatte alles gehört.
Ergriffen weinte sie still vor sich hin.

Pünktlich zum ersten Advent erhellten elektrische Sterne die ganze Stadt. Man konnte gebastelte Engel und handgezogene Kerzen an den Ständen kaufen.
Der Duft von Lebkuchen, Nüssen und saftigen Mandarinen lag in der Luft.
Kerzen flackerten in den Laternen.
Ein großer Kinder-Chor sang wunderschöne Weihnachtslieder.

Die Blautanne hatte man aufgestellt und mit farbigem Kugeln behangen. Freuen konnte sie sich darüber gar nicht, denn sie wusste nur zu gut, dass sie keine Wurzeln mehr hatte und bald sterben würde.
Warum bleiben plötzlich alle Menschen stehen?, fragte sie sich.
Dann hörte sie, wie eine Frau etwas laut vorlas:
Weil bald Weihnachten ist, muss ich sterben, warum nur stürzt ihr mich ins Verderben? Im Wald noch sehr viele Tannen stehen, dorthin geht, ihr werdet staunen und sehen."
Nun überlegte die Weihnachtstanne: „Ich spüre etwas, diese Tafel hat bestimmt die Waldfee an einen Ast von mir aufgehängt, das ist ja ... klasse ist das, danke, liebe Waldfee."
Sie freute sich gewaltig.
„Ich werde das nächste Jahr nicht mehr hier sein können, aber meine Freunde, die Tannen werden sich freuen. Weihnachten ist doch das Fest der Liebe."
Die Menschen auf dem Marktplatz waren tief

beeindruckt. Sie konnten zwar die Worte der Weihnachtstanne nicht hören, aber alle nahmen sich den Spruch zu Herzen.
In ihrem Heim stellten die Menschen selbstgeschnitzte Engel auf oder bastelten mit ihren Kindern zusammen wunderschöne Sterne und Herzchen, welche sie an den Fenstern oder an einer Wand aufhingen.
Der Wald war gerettet.
Die Waldfee schwebte von Tannenbaum zu Tannenbaum, um die wunderbare Nachricht zu verkünden.
Der Wind pfiff eine sanfte weihnachtliche Melodie, deren himmlische Klänge bis zu dem Marktplatz hinüberwehte und zauberte den Menschen ein fröhliches, friedliches Lächeln ins Gesicht.

UPS

„Ups, ich bin voll“, sagte der Mond, „aber alle Menschen lieben mich.“
„Ich lach mich schlapp“, meinte das kleine Wölkchen, welches langsam vorbeizog.
„Du brauchst gar nicht so doof zu lachen, immerhin sind schon Menschen auf mir gelandet mit so einem Ding“, brummte der Vollmond stolz. „Aber ich sage dir, wenn du auf der Erde landest, dann bleiben nur ein paar Pfützen von dir übrig, und dann kommt die Sonne und schon bist du ganz weg.“
„Du lügst doch, du willst mir Angst machen. Ich hasse dich“, schrie das Wölkchen.
Ein Stern mischte sich ein: „Seid ihr verrückt? Mit eurem Geschrei weckt ihr alle Leute auf, ich sage euch, wir Sterne werden geliebt, weil wir funkeln und Wünsche erfüllen.“
Eine dicke schwarze Wolke machte sich so breit es nur ging. „Nun habe ich aber genug, ich kann euch alle verdecken, dann kann

euch keine Menschenseele mehr sehen."
„Aus dem Weg", brüllte der Mond so laut er konnte.

Die schwarze Wolke wurde immer dicker und dicker vor Ärger. Sie fing an zu grollen, dann zu donnern, heftige Blitze jagten aus ihr hervor. Dann gab es einen fürchterlichen Knall und danach fielen viele dicke Regentropfen auf die Erde nieder. Der Mond schüttelte den Kopf, fast wäre er aus seiner Bahn geraten.

„Was soll das? Ich soll Ruhe geben und diese Wolke macht einen Riesenkrach. So etwas sollen die Menschenkinder lieben? Ich verstehe das nicht."
Die Menschen auf der Erde waren wirklich wach geworden.
„Ein Sommergewitter", murmelte jemand im Halbschlaf, „ich liebe es."

„Wunderbar“, sagte ein anderer, „davon träume ich schon lange, die Abkühlung tut gut!“

DER BLOGGER

Jimi war sehr krank, und das mit gerade mal elf Jahren. Kein Arzt konnte ihm helfen.
Zum Glück hatte er keine Schmerzen. Aber seine Beine versagten einfach den Dienst. Als er wieder mal hingefallen war und nicht alleine hochkam, lachten die Kinder und einer rief gar: „Der liegt da rum, wie 'ne Zecke!"
Damit hatte er nun auch noch einen Spitznamen, der nicht wirklich freundlich war …
Teure Therapien brachten nichts. Mit Krücken bewegte er sich vorwärts, aber er wurde sehr schnell müde.
Seine Eltern und Geschwister versuchten ihn abzulenken. Sie lasen ihm schöne Geschichten vor, wann immer jemand Zeit dazu hatte.
Nach einiger Zeit waren alle Bücher, welche die Kinder hatten, durchgelesen. Jimi war sehr traurig, denn in die Schule konnte er

auch nicht mehr gehen. Seinen Spitznamen wurde er dennoch nicht los.
„Ich muss eine Lösung finden", redete er am Abend vor sich hin. „Ich werde selber eine Geschichte schreiben, ich werde etwas Lustiges erfinden, vielleicht kann mein Vater die Geschichte dann ins Internet stellen."
Jimi schlief unruhig.
Nach dem Frühstück humpelte er zu seinem Schreibtisch, erledigte wie gewohnt seine Aufgaben, die seine Lehrerin jeden Tag einem Schüler mitgab.
Dann fing er zu schreiben an. Er schrieb, wie er plötzlich beim Fußballspielen das erste Mal gestürzt war.
Den anderen Kindern war das gar nicht aufgefallen. Denn so mancher von ihnen stolperte ab und zu mal. Er schrieb von den vielen Untersuchungen im Spital, von den Ärzten, die alle resigniert den Kopf schüttelten.

„Ach, ich wollte doch eigentlich etwas Lustiges schreiben“, murmelte er.
Seine Geschichte bekam sofort eine Wendung. Stolz schrieb er über den Pokal, den seine Schulklasse gewonnen hatte und der nun in seinem Zimmer im Regal stand.
Er schrieb von den Versteckspielen bei den nahen Felsen. Es war immer aufregend, denn er passte in jede Spalte hinein. Seine Brüder suchten dann verzweifelt nach ihm.
Jimi erzählte, wie er ein junges Lamm rettete, das er durch Zufall in einer solchen Spalte entdeckt hatte. Seine Zwillingsbrüder Herbert und Hans hatten ihm geholfen das Tier zu retten.
Jimi schrieb über sein Leben, über das Leben seiner Brüder und seiner Eltern.
Ihm gefiel das Erzählen der Storys, nie hätte er gedacht, dass ihm das so viel Spaß machen würde.
„Was schreibst du eigentlich andauernd?“

Sein Vater wunderte sich, da er wusste, dass sein Sohn es liebte, wenn ihm jemand etwas vorlas.

Jimi wurde verlegen. „Ach, ich schreibe nun selber Geschichten."

„Soso, darf ich mal sehen?"

Jimis Vater war begeistert von dem, was sein kleiner, kranker Sohn machte.

„Möchtest du einen Blog im Internet? Das können dann alle Menschen lesen. Ich kann dir das einrichten."

„Ja, Vater, das wäre cool."

So kam es, dass der kleine Junge fast täglich an seinem Blog arbeitete. Voller Ironie hatte er ihn "Zeckes Leben" getauft.

Immer mehr Leute erfuhren von Jimi und seinen Erlebnissen und seinen Träumen.

Der Sohn eines Arztes besuchte zufällig die Seite, er erzählte sogar seinem Vater davon.

„Weißt du, Vater, dieser Jimi kann fast nicht mehr laufen, keiner kann ihm helfen, ich

finde seinen Blog einzigartig."
Dr. Jonson wurde hellhörig. Er hatte eigentlich viel zu tun, aber er konnte nicht widerstehen. „Schreibe doch dem Jungen, er soll zu mir in die Praxis kommen. Versprechen kann ich nichts, doch ich möchte ihn gerne untersuchen."
Das tat Carlo.
Bald darauf erhielt er Antwort von Jimi.
„Hallo, Carlo, du machst mir Hoffnung, aber ich weiß nicht so recht, ob ich kommen kann oder soll. Denn mehrere Ärzte haben nichts herausgefunden. Ich bin ein hoffnungsloser Fall. Ich spare im Moment für einen Rollstuhl, jeder Franken ist willkommen. Aber ich habe es mir überlegt, ich werde zu deinem Vater in die Sprechstunde kommen, in der Hoffnung dich zu treffen."

Jimis Mutter brachte ihn zum verabredeten Datum in die Praxis von Dr. Jonson.

Der Arzt stellte eine Menge Fragen. Er hatte den Blog auch gelesen und wusste, dass die Familie einen Hund hatte.

„Gehst du auch mit dem Hund spazieren?"

„Ja, aber es wird immer anstrengender, denn in letzter Zeit habe ich oft Fieber."

„Hattest du schon mal einen Zeckenbiss? Dein Hund hat doch sicher auch schon Zecken gehabt, oder?"

„Ja, aber das ist schon lange her. Mein Vater hat sie entfernt."

„Dann will ich dir mal Blut abnehmen und es untersuchen. Ich habe eine Idee."

Gesagt, getan. Die Diagnose war schnell erstellt. Jimi hatte Borreliose, die Krankheit war schon ziemlich fortgeschritten. Darum entschied der Arzt, dass der Junge eine Kur mit Spritzen erhalten solle. Deswegen wies er ihn in ein Krankenhaus ein.

Carlo, der Sohn von Dr. Jonson, war

natürlich gekommen. Er erzählte dem Jungen, dass sein Vater schon mal jemanden so behandelt hätte und derjenige nun völlig gesund wäre.
Jimi sah ihn hoffnungsvoll an.
„Wirklich?“ Mehr Worte brachte der Junge nicht heraus im Moment.
„Ich komme dich jeden Tag besuchen“, versprach Carlo.

Täglich verbesserte sich Jimis Zustand. Seine Familie konnte es fast nicht glauben, für alle war es wie ein Wunder.
Natürlich erzählte Jimi dann auch seine Leidensgeschichte ganz ausführlich auf seinem Blog.
Er hoffte, dass die Leute besser aufpassen und jeder, der von einer Zecke gebissen wurde, sofort einen Arzt aufsuchen würde.
„Ich bin nun sehr glücklich, ich kann wieder mit meinen Brüdern spielen“, schrieb er,

„und ich habe einen neuen guten Freund, es heißt Carlo. Und wenn er mich jetzt Zecke nennt, dann ist es super. Ich trage den Namen mit Stolz!“ Er zitierte: „Gesundheit ist doch das Wichtigste im Leben. Habt Mut und lasst euch behandeln.“

Inzwischen hatte er tausende von Menschen erreicht. Es war schon fantastisch, wie schnell sich Nachrichten verbreiten auf so einem Blog im Internet.

Alle Menschen freuten sich mit Jimi, als er ein Foto von sich zeigte, wie er auf beiden Beinen dastand und fröhlich winkte.

Im Hintergrund tobte ein Hund – ob der wohl Zecken hatte?

DIE SCHUHE VOM NIKOLAUS

Ein Wanderer namens Nikolaus schritt vor langer Zeit ganz gemütlich über den Wanderweg im Wald. Er kam aus der Schenke “Zur alten Burg“.
Der Mann sah sehr zufrieden aus, denn er hatte gut gespeist und ein großes Glas frischgepressten Apfelsaft getrunken.
Er hatte einen wunderschönen Herbsttag erwischt, die Sonne strahlte vom Himmel. An den Bäumen leuchtete das Laub prächtig in allen Farben, und der Wind ließ einzelne Blätter tanzend herunter segeln.
Nikolaus spürte plötzlich ein Kribbeln an seinen Füßen, er wunderte sich und wollte seine Schuhe ausziehen, um nachzusehen. Es setzte sich auf einen großen Stein.
Da kam ein kleiner Wicht hervorgesprungen. Er sah den Mann prüfend an, dann sprach er: „Du hast aber schöne Schuhe, wollen wir tauschen?“
Der Mann kratzte sich an seinem weißen

Bart, dann rieb er seine Augen, denn er konnte nicht glauben, was er da sah ...

Er schüttelte den Kopf und sagte lachend: „Was willst du mit meinen Schuhen? Die sind ja viel zu groß für dich!“

„Na ja“, meinte das Wichtelmännchen, „ich kenne einen armen Mann, der würde sich über feste, warme Schuhe freuen.“

„Aber ich muss noch nach Hause gehen und dieser Waldweg ist ziemlich steinig, wie du siehst. Deine roten Filz-Pantoffeln kann ich nicht gebrauchen.“

Der Wicht ließ nicht locker. „Wenn ich dich nach Hause begleite, schenkst du mir dann deine Schuhe?“

Der Mann war einverstanden.

Er ging nach Hause, und der kleine Wicht hüpfte die ganze Zeit aus lauter Freude neben ihm her.

Zu Hause angekommen zog der Wanderer die Schuhe aus und gab sie dem Wicht.

Wie von Zauberhand hatte er plötzlich mit Lammwolle gefütterte schöne rote Stiefel in der Hand und gab sie dem Niklaus. „Du kannst die ja am Nikolaustag anziehen und den ganz armen Kindern Geschenke bringen. Du wirst sehen, wie sie sich freuen werden. Hier gebe ich dir auch noch einen Sack mit Nüssen, Lebkuchen und Äpfeln. Außerdem ist dein Name ja schon Nikolaus, und wandern gehst du auch gerne."
Der Mann war kurz sprachlos, dann sagte er: „Gut, das werde ich tun, denn mein Namensvetter ist ja schon lange gestorben. Der hatte ja immer den armen Kindern geholfen, soviel ich weiß."
Der Wicht freute sich und verschwand wieder im Wald.

Am sechsten Dezember zog der Nikolaus dann seine warmen Stiefel an und packte den Sack mit den Geschenken auf seinen alten Schlitten, den er noch im Stall hatte. Dann spannte er seinen Esel an, und schon ging es los.

Bald waren die ersten Häuser in Sicht. Er klopfte an den Türen und beschenkte alle Kinder im Dorf mit den feinen Sachen.

Die freuten sich unbeschreiblich über die Gaben.

In den anderen Dörfern erzählte man sich das freudige Ereignis.

Von dem Tag an wurde wieder überall der Tag vom Heiligen Nikolaus gefeiert, zur Freude aller Kinder. Der Namenstag wurde bis heute nie mehr vergessen.

NICK UND DER RABE

Es war einmal ein kleiner Vogel, er fiel aus dem Nest, als es stürmte und in Strömen regnete. Nun lag er pitschnass unter der großen Eiche und hatte einen Flügel verletzt. Er lag auf dem Rücken und rührte sich nicht mehr.

Ein kleiner Junge namens Nick fand ihn, als er von der Schule nach Hause ging. Sofort zog der Bub seine Handschuhe aus und nahm den Vogel in seine warmen Hände und hauchte ihn an. Es war wie ein Wunder, denn plötzlich blinzelte der Vogel, und sein kleines Herz schlug angstvoll.

Der kleine Nick redete mit sanfter Stimme auf ihn ein und streichelte den Kopf des schwarzen Vogels. Der Junge merkte, dass etwas mit dem Flügel nicht stimmte.

Er ging nach Hause und im Schuppen fand er ein Holzspan, den nutzte er als Schiene, wickelte einen Verband um das Tier und legte ihn vorsichtig in ein Nest von den

Hühnern, das war schön mit Heu gepolstert. Dann überlegte er, was er dem verletzten Rabenvogel zu fressen geben sollte.
Er schnappte sich eine Schaufel und ging in den Garten seiner Eltern, grub ein Loch und fand ein paar Würmer, die er dem Raben brachte. Seiner Mutter erzähle er, was passiert war.
Sie lobte ihn. „Das hast du gut gemacht, mein Kind. Vergiss nicht, ihm noch etwas Wasser zu bringen, denn er hat sicher Durst."

Nach ein paar Tagen war der Rabe fast wieder gesund. Er lief Nick überall hinterher und seinen Namen "Rabi" verstand er sofort. Rabi war nun der beste Freund von Nick.

Als der Junge eines Tages von der Schule nach Hause kam, saß Rabi auf dem wackeligen Tisch im Schuppen und flog ihm

direkt auf die Schulter.
Nick freute sich und fütterte ihn. Rabi nahm sogar kleine Fruchtstücke in den Schnabel, Birnen schmeckten ihm besonders gut.
Auch die Eltern waren erstaunt, wie gut es Rabi ging. Er war auch schon richtig gewachsen. Schlau war er zudem, denn sobald die Katze heranschlich, quakte er, so als wollte er sagen: „Hau ab, mich erwischst du nicht!"

Bald konnte Rabi richtig fliegen und flog einfach der Sonne entgegen.
Nick erschrak sehr, denn er dachte, dass sein Freund nun für immer fort wäre.
Laut rief er: „Raaabiii, bitte komm zurück", und schon sah man einen schwarzen Punkt am blauen Himmel. Rabi kam angeflogen und setzte sich ohne Furcht auf seinen ausgestreckten Arm.
Nick ging dann mit dem Vogel in die Küche

und ließ ihn an einer saftigen Birne picken. So machten sie es von nun an täglich.

Aber eines Tages kam Rabi nicht, als Nick ihn rief. Die Mutter erklärte ihrem Sohn, dass Rabi sicher weiter weg sei, sich ganz bestimmt aber wieder zeigen würde.
So geschah es, dass eines Tages zwei Rabenvögel über dem Haus kreisten. Nick rief ihn. Rabi kam kurz zu ihm, er neigte sein Köpfchen hin und her, so als wollte er dem Jungen mitteilen, dass er nun selber eine Familie gründen würde.
Rabi flog noch einige Runden, als wollte er sich für alles bedanken, dann verschwand er mit seiner Vogelfreundin fort, hoch hinaus in die Lüfte.
Aber es dauerte nicht sehr lange, da flog Rabi wieder herbei und wartete auf dem Birnenbaum im Garten auf seinen Freund. Seine Kinder waren nun sicher schon

erwachsen und hatten das Nest verlassen.
Es war einfach schön, dass er Nick nicht vergessen hatte und seine Dankbarkeit zeigte, indem er immer wieder kam.
Ihre wunderbare Freundschaft dauerte ein Leben lang.

DER DINOSAURIER

Marina lag im hohen Gras und sah den Wolken zu. Sie fand das sehr spannend, denn die weißen Wölkchen bildeten manchmal sehr schöne Tiergestalten.
Eben sah sie einen Hasen, welcher aber bald verschwand, weil sich daraus ein Dinosaurier bildete.
Marina musste laut lachen, denn ihre Mama hatte ihr erzählt, dass diese riesengroßen Tiere ausgestorben wären. Sie fand das sehr schade.
Nun beobachtete sie die Blumen um sich herum.
Bienen summten, auch Schmetterlinge kreisten fröhlich über die Wiese.
Eigentlich wollte das Mädchen für ihre Mutter einen Strauß von den herrlich duftenden Blumen pflücken.
Doch ganz plötzlich stand ein riesiger Dinosaurier vor ihr.
„Hey", rief sie, „du bist nicht echt, denn meine Mama hat gesagt, dass du ausgestorben bist."
„Hahaha", lachte der Dino. „Ich bin doch hier,

oder etwa nicht?“ Dann fraß er einen dicken Büschel Blumen, einfach so.

„Das darfst du nicht“, schrie Marina.

„Warum denn nicht? Ich habe Hunger.“

„Die Bienen saugen den Nektar aus den Blumen, daraus macht der Imker feinen Honig. Ich bekomme jeden Tag ein Honigbrot, weil der Honig gut gegen Husten ist“, sagte Marina aufgeregt. „Und die Bienen bestäuben die Blüten von den Kirschbäumen, damit es für mich viele Kirschen gibt.“

Der Dino lachte wieder laut.

„Du wolltest doch vorhin auch Blumen pflücken, oder stimmt das etwa nicht?“, maulte er dann.

„Ich habe es mir anders überlegt, denn die Bienen können gar nicht in unser Wohnzimmer kommen.“ Nach einer Weile fragte sie: „Darf ich dich streicheln?“

Nun lachte der Dino noch viel lauter als vorher.

Marina zuckte vor Schreck zusammen.

„Marina, wach auf, du weinst ja, hast du Schmerzen?“ Die Mutter stand neben ihrem Bett, mit einer Tasse voll Tee in der Hand.
Das Kind rieb sich erschrocken die Augen und sah ihre Mama traurig an.
„Du hast sicher geträumt. Komm, trink den Tee mit dem Honig, dann kannst du bestimmt morgen wieder zur Schule gehen.“
Folgsam richtete sich Marina im Bett auf und trank von dem feinen Tee.
Sie dankte ihrer Mutter und ließ ihren Kopf wieder in ihr weiches Kissen sinken.
Schon bald lag ein Lächeln auf ihrem Gesicht, und sie schlief wieder ein.
Bestimmt träumte sie weiter ...

Liebe Kinder,

ich hoffe, dass euch die Geschichten gefallen haben.
Wenn ihr noch nicht so gut lesen könnt, wird euch eure Oma, der Opa, Mama, Papa oder auch die Tante gerne vorlesen, da bin ich mir ziemlich sicher.
Ich werde die Geschichten auch meinen kleinen Enkelkindern vorlesen.
Und ich bin sehr gespannt, was sie dazu sagen.
Sie freuen sich ganz bestimmt.

Eure Raymy – Raymonde Graber

Über die Autorin:

Graber-Schiltz, Raymonde,
wurde 1944 im schönen Großherzogtum Luxemburg geboren, wo sie ihre Jugendzeit verbrachte. Der Liebe wegen reiste sie in die Schweiz. Sie hat einen Sohn und fünf Enkelkinder. Nach so manchen Schicksalsschlägen wohnt sie nun mit ihrem Lebenspartner in der Nähe vom herrlichen Bodensee.

Zitat Raymonde Graber-Schiltz:
„In den vergangenen Jahren habe ich gelernt, dass die Welt eine Bühne ist.
Es ist eine Kunst, sich darauf zu bewegen. Man muss sich das Leben selber malen, in den schönsten Regenbogenfarben. Mit viel Liebe, Humor, einfach bunt und schön.
Ich habe auch erkannt, dass Trauer, Leid und Schmerz zum Leben dazu gehören.
Meine Devise: *Auf Gott vertrauen und nie aufgeben, egal was passiert. Glaube an das Unmögliche und das Unmögliche wird möglich!*

Mehr Infos: www.facebook.com/raymy.graberschiltz
und www.facebook.com/RaymondeGraber

Außerdem von Raymonde Graber im Edition Paashaas Verlag erschienen:

Auch Oma war mal klein

Gibt es etwas Schöneres, als bei Oma auf dem Schoß zu sitzen und den alten Geschichten zu lauschen? Dieses Buch erzählt aus eigenen Erfahrungen einer Großmutter, wie es damals so war, ohne großartige Technik, dafür mit viel Zeit in der freien Natur. Die Streiche der Oma waren zwar ganz anders, aber nicht weniger lustig.

Raymonde Graber weckt mit diesem kleinen Buch die Neugier der Kinder, noch mehr über Oma und Opa zu erfahren. Probieren Sie es mit Ihren Enkelkindern aus! Die Geschichten sind echt und zeitlos aktuell. Witzige Bilder laden außerdem zum Ausmalen ein. Vergnügten Stunden mit der Familie steht nichts mehr im Wege.

Denn selbst Kinderpsychologen haben schon lange den ungeheuren Schatz an Wissen, Erfahrung, Gelassenheit und Aktivität entdeckt, der in der heutigen Großelterngeneration steckt.

ISBN: 978-3-945725-22-1

Über die Zeichnerin:

Marina Kendziora ist bei Bucherstellung 10 Jahre alt und geht in die 5. Klasse der Wolfhelmschule in Olfen.
Schon seit dem Kindergarten zeichnet sie gern und hat auch in dieser Zeit schon eigene Malvorlagen für andere Kinder erstellt. Natürlich gehört seit der Schulzeit das Fach Kunst, neben Englisch, zu ihren Favoriten.

In der Freizeit schwimmt sie besonders gern, hat aber auch immer wieder Spaß an Kurzgeschichten, die sie für ihren kleinen Bruder Max schreibt.

Außerdem ist Marina bekannt dafür, dass sie für sämtliche Familienmitglieder zu besonderen Anlässen wie Geburtstagen kreative Bastelgeschenke anfertigt, die bei allen sehr beliebt sind.

Danke

Ich bedanke mich ganz herzlich bei meiner wunderbaren Verlegerin Manuela Klumpjan, Nina Sock und natürlich beim ganzen Team des Edition Paashaas Verlags. Danke, lieber Michael Frädrich, für das schöne Buchcover.
Es ist wundervoll mit euch zu arbeiten.
Ein ganz besonders großes Dankeschön geht an meine liebe Zeichnerin, Marina Kendziora.
Ohne deine tollen Zeichnungen wäre das Buch nur halb so schön geworden.

Eure Raymy

Download Malvorlagen

Na, hast du Lust, die Bilder immer und immer wieder auszumalen?
Dann lade dir die Bilder doch im Internet kostenlos erneut hinunter:

http://www.verlag-epv.de
im Bereich Downloads unter Malvorlagen.

Deine Zugangsdaten lauten:
Email: malen@verlag-epv.de
Passwort: raymy2022

Ganz viel Spaß!